Abrazando El Plan de Dios
Prosperidad Holística

Transforma tu vida alcanzando la prosperidad holística financiera, física, espiritual y emocional con principios divinos.

Publicado por Legacy Publishing House

Editado por Casa Saber

Todos los derechos reservados. Ninguna parte de esta publicación puede ser reproducida sin permiso escrito del editor.

© 2024 Rev. Dra. Marla Yanice Sabater

Dedicatoria

Quiero expresar mi profunda gratitud a Dios, a mis padres, mis hijos, amigos y familia que han sido un pilar fundamental en mi vida. Gracias a su apoyo, he podido alcanzar mis metas y sueños.

A Dios, por Su guía y bendiciones constantes. A mis padres, por ser un ejemplo de amor y dedicación. A mis hijos, Yaya Sabater y Josa Sabater, por llenarme de inspiración y motivación diaria. A mis amigos y familiares, por estar siempre a mi lado, brindándome su apoyo incondicional.

A todos ustedes, mi más sincero agradecimiento por ser una parte esencial de mi vida y éxito

Prefacio

La Rev. Dra. Marla Yanice Sabater es una mujer de profunda fe, amplia experiencia y dedicación inquebrantable a su vocación. Con 28 años de experiencia ministerial y otros tantos en el ámbito empresarial, aporta una combinación única de perspicacia espiritual y sabiduría práctica a su trabajo. Como fundadora y propietaria de varias empresas exitosas, Marla ha demostrado su capacidad para liderar e innovar en diversos campos mientras se mantiene arraigada en sus convicciones espirituales.

En su libro "Prosperidad Holística: Abrazando el Plan de Dios," Marla comparte su viaje y las lecciones que ha aprendido sobre cómo alcanzar la verdadera prosperidad. Ella enfatiza la importancia de alinear cada aspecto de la vida—financiero, físico, espiritual y emocional—con los principios de Dios. Su enfoque es tanto práctico como inspirador, ofreciendo a los lectores herramientas e ideas para transformar sus propias vidas.

A medida que leas este libro, te sentirás alentado por la historia de Marla y equipado con estrategias prácticas para perseguir la prosperidad holística. Sus experiencias e ideas sirven como una guía para cualquiera que busque alinear su vida con el plan de Dios y experimentar la plenitud de Sus bendiciones.

Rev. Dr. Marla Yanice Sabater

índice

Introducción: Un Viaje hacia la Verdadera Prosperidad

Mi Transformación Abrazando la Promesa de Dios

Prosperidad Financiera: Finanzas para el Éxito

Prosperidad Física: Honrando a Dios con tu Cuerpo

Prosperidad Espiritual: Tu Relación con Dios

Prosperidad Emocional: Gozo y Bienestar Mental

Dominio Propio: un Camino hacia la Prosperidad

Vivir Holísticamente: Prosperidad en Todas las Áreas

Un Llamado a la Acción: Implementa el Cambio

Herramientas Prácticas para la Prosperidad Holística

Conclusión: Motivando el Favor de Dios en tu Vida

Introducción

Un Viaje hacia la Verdadera Prosperidad

Jeremías 29:11 dice, 'Porque yo sé los planes que tengo para vosotros, declara el Señor, planes de bienestar y no de mal, para daros un futuro y una esperanza.' Este versículo ha sido una piedra angular en mi viaje para entender y alcanzar la verdadera prosperidad. En un mundo lleno de desafíos y obstáculos, la promesa de Dios de bienestar y esperanza es una fuente constante de inspiración y motivación.

La prosperidad, según el plan divino, no se limita solo al aspecto financiero. A menudo vemos a personas con éxito material pero que carecen de salud, paz emocional y conexión espiritual. Esto me llevó a buscar una comprensión más profunda del significado completo de la prosperidad. Así nació mi enfoque holístico, que abarca el bienestar financiero, físico, espiritual y emocional.

La prosperidad financiera implica manejar nuestros recursos con sabiduría y generosidad, siguiendo principios bíblicos que nos guían hacia la integridad y la abundancia. Cuidar nuestro cuerpo es esencial, ya que es el templo del Espíritu Santo. Adoptar hábitos saludables y respetar nuestra salud física es una forma de honrar a Dios. En el ámbito espiritual, una relación constante y profunda con Dios nos fortalece y nos da claridad para enfrentar los retos de la vida. Por último, el bienestar emocional es fundamental para vivir en gozo y paz, aspectos que Dios desea para todos nosotros.

En este libro, compartiré mi viaje personal hacia la prosperidad holística. Hablaré de cómo organizo mis finanzas, adopto una vida saludable, fortalezco mi relación con Dios y mantengo mi bienestar emocional. A través de ejemplos prácticos y principios bíblicos, te mostraré que la verdadera prosperidad es alcanzable cuando vivimos alineados con el plan de Dios.

Te invito a acompañarme en este viaje de transformación. Juntos, exploraremos estrategias y herramientas prácticas que te ayudarán a prosperar en todas las áreas de tu vida. Espero que, al final de este libro, te sientas inspirado y equipado para abrazar el plan de Dios para tu vida, un plan lleno de bienestar, esperanza y verdadera prosperidad.

Capítulo 1

Mi Transformación abrazando la Promesa de Dios

Durante muchos años, sentí que no estaba viviendo la prosperidad prometida en Jeremías 29:11. Luchaba con la inestabilidad financiera, la mala salud y la falta de disciplina espiritual. No fue hasta que me comprometí con un enfoque holístico, centrándome en prosperar en cada aspecto de mi vida, que comencé a ver un cambio real.

Primero, comencé por organizar mis finanzas. Crear un presupuesto fue el primer paso esencial. Hice un inventario de mis ingresos y gastos, y empecé a reducir las deudas gradualmente, ahorrando incluso una pequeña cantidad cada semana. Este proceso me enseñó la importancia de la disciplina financiera y cómo pequeñas acciones consistentes pueden llevar a una gran transformación. Aprendí que tener control sobre mis finanzas no solo me daba seguridad, sino también libertad para ser generosa y obediente a los principios bíblicos de mayordomía.

Segundo, decidí prosperar físicamente. Cambié mi dieta, eliminando alimentos procesados y añadiendo más frutas y verduras frescas. También empecé a hacer ejercicio regularmente, lo que no solo mejoró mi salud física, sino que también aumentó mi energía y bienestar general. Cuidar de mi cuerpo se convirtió en una forma de honrar a Dios, reconociendo que mi salud física es una parte integral de mi prosperidad. Entendí que un cuerpo saludable me permitiría servir mejor y con más vigor en todas las áreas de mi vida, incluyendo mi ministerio y mis responsabilidades familiares.

En tercer lugar, me enfoqué en prosperar espiritualmente. Estructuré un tiempo diario definido con Dios, incluyendo oraciones y estudio bíblico tres veces al día dentro de mi horario de trabajo. Los ayunos semanales de 24 horas también me ayudaron a acercarme más a Dios y fortalecer mi espíritu. Este compromiso espiritual renovado me dio la claridad y la fuerza necesarias para enfrentar los desafíos diarios. Además, establecí metas espirituales claras, como leer la Biblia completa en un año y memorizar versículos clave que pudieran guiarme y fortalecerme en momentos de necesidad.

Finalmente, trabajé en prosperar emocionalmente. Mantener una actitud de gratitud y gozo en el Señor fue crucial para mi salud mental. Al alinear mi mente con el propósito de Dios y cultivar una perspectiva positiva, encontré una paz y alegría duraderas. Entendí que la salud emocional es fundamental para mantener relaciones saludables y una vida equilibrada. Comencé a practicar técnicas de manejo del estrés, como la meditación en la Palabra de Dios y la respiración profunda, lo cual me ayudó a mantenerme centrada y tranquila en situaciones difíciles.

A pesar de llevar tantos años en el evangelio, no estaba exenta de refinar esta área. Nos acostumbramos a las rutinas de tal forma que nos olvidamos de que somos mejores madres, trabajadores, pero muchas veces nos olvidamos de profundizar nuestra relación con Dios. Esta nueva forma de crecer espiritualmente me ha ayudado a ser más consciente y, así como trazo mis metas seculares, empecé a crear mis metas espirituales porque usualmente las dejamos fuera. Sabemos qué hacer para nuestra vida, pero ¿y nuestra vida en el Señor? ¿A dónde la queremos llevar? Esta realización verdaderamente me ha llevado a una experiencia mucho más completa, ya que al estructuradamente estar orando y estudiando la Biblia, aunque también dejo espacios espontáneos, creo fielmente que ha transformado mi relación con Dios en un 180 grado. Entonces, esta área es una parte crucial para que todo lo demás trabaje. Si no lo estás logrando, presta mucha atención a esta área y verás cambios sobrenaturales en todo.

Los primeros días y meses fueron los más difíciles, pero con consistencia todo se puede lograr. Empezar a tomar mejores decisiones son hábitos que con el tiempo se volverán un estilo de vida. Quizás al principio, cuando miraba esa agenda a la cual decidí aferrarme para lograr mis metas, se veía tan difícil, pero cuanto más lo practicaba, se volvió segunda naturaleza. Ya las cosas empezaron a entrar en su lugar y cada día se volvía todo más fácil. Todo esto que harás te ayudará a vivir una prosperidad holística y abrazar verdaderamente el plan de Dios en tu vida.

Este enfoque holístico transformó mi vida de una manera que nunca hubiera imaginado. La verdadera prosperidad, como dice la Biblia, es posible cuando estamos dispuestos a hacer ajustes y vivir de acuerdo con los principios divinos. No se trata de una transformación instantánea, sino de un viaje continuo de crecimiento y desarrollo. Cada pequeño paso que tomamos en la dirección correcta nos acerca más a la prosperidad completa que Dios desea para nosotros.

Además, este proceso me ha enseñado la importancia de la paciencia y la perseverancia. A veces queremos ver resultados inmediatos, pero Dios nos llama a ser fieles y constantes. Al mantenernos firmes en nuestros compromisos y seguir adelante a pesar de los desafíos, descubrimos que Dios es fiel para cumplir Sus promesas. Él nos fortalece y nos guía en cada paso del camino, asegurándonos de que Su plan perfecto se cumpla en nuestras vidas.

Capítulo 2

Prosperidad Financiera: Finanzas para el Éxito

La prosperidad financiera es a menudo el aspecto más tangible de la prosperidad holística, pero a menudo se malinterpreta. La verdadera prosperidad financiera va más allá de tener riqueza; se trata de manejar los recursos sabiamente y vivir dentro de la provisión de Dios.

El primer paso para alcanzar la prosperidad financiera es crear un presupuesto. Un presupuesto bien estructurado te permite tener una visión clara de tus ingresos y gastos. Esto incluye identificar y eliminar gastos innecesarios y priorizar el ahorro. Ahorrar incluso pequeñas cantidades semanalmente puede generar un impacto significativo a largo plazo. La creación de un presupuesto te ayuda a tomar el control de tus finanzas y a asegurarte de que estás utilizando tus recursos de la mejor manera posible.

Además, es crucial reducir las deudas. Vivir libre de deudas proporciona una sensación de libertad y estabilidad financiera. Para lograrlo, considera estrategias como el método de la bola de nieve, que implica pagar primero las deudas más pequeñas para luego enfocarte en las más grandes. Esta técnica no solo reduce las deudas más rápido, sino que también proporciona un impulso motivacional al ver resultados tangibles. La eliminación de deudas es una de las claves para vivir una vida libre de estrés financiero y es un paso importante hacia la prosperidad.

Invirtiendo sabiamente también es un componente clave de la prosperidad financiera. Busca oportunidades para invertir en activos que generen ingresos pasivos, como bienes raíces o fondos mutuos. La inversión responsable y educada puede aumentar tus recursos y proporcionar seguridad financiera a largo plazo. Aprender sobre inversiones y tomar decisiones informadas te permite hacer crecer tu patrimonio de manera sostenible y alineada con tus valores cristianos.

La generosidad es otro principio fundamental. Ser generoso con tus recursos, ya sea a través de donaciones a la iglesia, obras de caridad o ayudando a los necesitados, alinea tus finanzas con los principios bíblicos. La Biblia enseña que hay bendición en dar, y practicar la generosidad abre las puertas a la provisión y bendición divina. La generosidad no solo beneficia a los demás, sino que también enriquece tu vida espiritual y te conecta con la comunidad de una manera más profunda.

A pesar de ser empresaria y contable por muchos años, a veces no practicamos lo que hacemos por los demás, y por muchos años me mantuve lejos de una organización personal. Estuve muy ociosa en mi parte como buen mayordomo de lo que Dios había depositado en mis manos. Cometí muchos errores financieros y solo la misericordia de Dios y cambios de decisiones han podido ajustar mi vida de una manera especial. La falta de recursos y dinero es un área que el enemigo usa en muchas ocasiones para distraerte y desenfocarte, para que pienses que Dios no quiere prosperarte, sin tener en cuenta que muchas veces la falta de conocimiento en temas bíblicos con relación a este tema, la falta de dar a Dios lo que le corresponde, aunque sea un sacrificio, puede también estancar esta área financiera.

Tener hábitos sanos en esta área financiera activará una nueva etapa en tu vida. Cuando yo empecé a crear metas alcanzables y a poner enfoque en esta área en mi vida, pude experimentar la mano de Dios en mis finanzas. Hoy en día puedo disfrutar de sus bendiciones y no quita que haya momentos duros, pero su guía me ayuda para seguir mejorando y alcanzando sus bendiciones, no importando las temporadas. Dios es fiel y siempre cuidará de sus hijos.

La falta de conocimiento en temas financieros y bíblicos es una de las mayores barreras para alcanzar la prosperidad. Muchas personas no saben cómo administrar sus recursos de manera efectiva o cómo alinearse con los principios bíblicos para las finanzas. Educarse sobre estos temas es esencial. Leer libros, tomar cursos y buscar consejo de expertos puede transformar tu vida financiera. Además, la oración y el estudio de la Biblia te proporcionarán la sabiduría y guía necesarias para tomar decisiones correctas.

El dar a Dios lo que le corresponde, a pesar de ser un sacrificio en ocasiones, es crucial para desbloquear la bendición financiera. La Biblia enseña sobre la importancia del diezmo y las ofrendas. Dar el diezmo es un acto de obediencia y fe que demuestra tu confianza en la provisión de Dios. Dios promete bendecir a aquellos que son fieles en dar, y muchos han experimentado milagros financieros al poner a Dios en primer lugar en sus finanzas.

Cuando comenzamos a establecer metas financieras claras y alcanzables, nuestra perspectiva cambia. Las metas te dan dirección y propósito. Te permiten ver el progreso y te motivan a seguir adelante. Es importante revisar y ajustar tus metas regularmente para asegurarte de que están alineadas con tu situación actual y tus objetivos a largo plazo.

En resumen, la prosperidad financiera no se trata solo de acumular riqueza, sino de manejar sabiamente los recursos, vivir libre de deudas, invertir prudentemente y ser generoso. Al seguir estos principios, puedes experimentar la verdadera prosperidad financiera que Dios desea para tu vida. La disciplina financiera, la educación continua y la obediencia a los principios bíblicos son las claves para desbloquear una vida de abundancia y bendición. Dios es fiel y siempre cuidará de sus hijos, guiándonos hacia la prosperidad en todas las áreas de nuestras vidas.

Capítulo 3:

Prosperidad Física: Honrando a Dios con tu Cuerpo

La salud física es una parte integral de la prosperidad holística. Nuestros cuerpos son templos del Espíritu Santo, y cuidarlos es una forma de adoración. Este capítulo se centra en pasos prácticos para mejorar tu salud física, honrando a Dios con tu cuerpo.

Comenzar con una dieta balanceada es fundamental. Eliminar alimentos procesados y añadir más frutas y verduras frescas puede tener un impacto significativo en tu bienestar. Optar por alimentos nutritivos y naturales no solo mejora la salud física, sino que también proporciona más energía y claridad mental. Es esencial aprender a leer las etiquetas de los alimentos y hacer elecciones informadas que beneficien tu cuerpo a largo plazo.

El ejercicio regular es otro componente clave. Integrar actividades físicas en tu rutina diaria, como caminar, correr, o cualquier otra forma de ejercicio que disfrutes, puede mejorar tu salud cardiovascular, fortalecer tus músculos y huesos, y aumentar tu nivel de energía. El ejercicio también tiene beneficios mentales, como reducir el estrés y mejorar el estado de ánimo. Además, establecer un horario de ejercicio te ayuda a mantener la disciplina y a ver resultados a lo largo del tiempo.

El descanso adecuado es igualmente importante. Dormir al menos 6-8 horas por noche es esencial para la recuperación y regeneración del cuerpo. Un buen sueño ayuda a mantener el equilibrio hormonal, fortalece el sistema inmunológico y mejora la concentración y el rendimiento diario. Establecer una rutina de sueño consistente y crear un ambiente propicio para el descanso puede mejorar significativamente la calidad de tu sueño.

Además, es crucial mantener hábitos saludables como la hidratación adecuada y la práctica de técnicas de manejo del estrés, como la meditación y la oración. Estas prácticas no solo benefician la salud física, sino que también contribuyen al bienestar emocional y espiritual. La meditación en la Palabra de Dios y la oración diaria pueden proporcionar paz y claridad, ayudándote a enfrentar los desafíos diarios con una perspectiva positiva.

Es importante también tomar vitaminas. Actualmente, tomo muchas vitaminas para poder suplementar algunas deficiencias, ya que no me gusta todo y he tenido también que sobrellevar problemas en mi tiroides. No ha sido fácil porque a veces somos víctimas de lo que nos dicen. Un médico me dijo que perdería solo dos libras por año y a veces nos agarramos mucho de lo que nos dicen y nos olvidamos de lo que Dios nos ha dicho. El honrar a Dios con nuestro cuerpo es una batalla diaria y hablo como el apóstol Pablo dijo, no como si lo he logrado, sino que cada día me afirmo más y sigo hacia la meta. Quizás lo tuyo no es la tiroides, es la diabetes, o celiaca, o alguna otra enfermedad, pero a veces se nos olvida que Dios, aun en medio de la espera de la sanidad porque sabemos que Dios sí quiere que estemos sanos, podemos estar trabajando en las cosas que están en nuestro control, esperando en las que aún no han llegado como una acción de fe en espera de nuestro milagro. Te exhorto que nuevamente retomes estas metas, que no te rindas, sino que puedas crecer en todas las áreas.

Es fácil desanimarse cuando enfrentamos problemas de salud, especialmente cuando los diagnósticos y los pronósticos médicos parecen insuperables. Sin embargo, hay que recordar que nuestra fe y nuestra determinación pueden influir en nuestra salud es fundamental. Dios nos ha dado las herramientas y el conocimiento para cuidar nuestros cuerpos, y debemos usarlas con sabiduría y dedicación.

El camino hacia una vida saludable puede estar lleno de desafíos, pero cada pequeño paso hacia la mejora cuenta. Establecer metas realistas y alcanzables te ayudará a mantenerte motivado. Por ejemplo, si no estás acostumbrado a hacer ejercicio, comienza con caminatas diarias de 15 minutos y aumenta gradualmente la duración y la intensidad. Si te cuesta comer saludablemente, intenta introducir un nuevo alimento nutritivo cada semana.

Cuidar de tu cuerpo es una forma de honrar a Dios. Al adoptar hábitos saludables, no solo mejoras tu calidad de vida, sino que también demuestras gratitud por el regalo de la salud y el cuerpo que Dios te ha dado. La verdadera prosperidad física se logra a través de la disciplina diaria y el compromiso con un estilo de vida saludable que honre a Dios.

Además, es importante recordar que el bienestar físico también está conectado con nuestra salud emocional y espiritual. Mantener un equilibrio en todas las áreas de nuestra vida contribuye a una prosperidad holística. La oración, la meditación, y el tiempo dedicado a la reflexión personal pueden ayudarte a mantenerte centrado y enfocado en tus metas de salud.

En resumen, la prosperidad física no se trata solo de verse bien, sino de sentirse bien y estar en armonía con el propósito que Dios tiene para nuestras vidas. Honrar a Dios con nuestro cuerpo es un acto de adoración diaria que requiere disciplina, esfuerzo y, sobre todo, fe. Cada pequeño cambio positivo que hagas te acercará más a una vida de salud y bienestar integral, reflejando la prosperidad holística que Dios desea para t

Capítulo 4

Prosperidad Espiritual: Profundizando tu Relación con Dios

La prosperidad espiritual es la base de la prosperidad holística. Una relación profunda y constante con Dios es esencial para la verdadera satisfacción y éxito.

El primer paso para profundizar tu relación con Dios es establecer un tiempo diario de oración y estudio bíblico. Dedicar momentos específicos del día para conectarte con Dios te ayudará a fortalecer tu fe y obtener sabiduría divina. La oración es una conversación con Dios, una oportunidad para agradecer, pedir guía y presentar tus necesidades y preocupaciones.

El estudio bíblico es igualmente importante. Leer y meditar en la Palabra de Dios te permite conocer Su voluntad y aplicar Sus principios en tu vida diaria. Considera usar un plan de lectura bíblica o un devocional diario para guiar tu estudio. Además, memorizar las Escrituras puede ser una herramienta poderosa para meditar en las promesas y enseñanzas de Dios en cualquier momento del día.

El ayuno es otra práctica espiritual poderosa. Ayunar no solo purifica el cuerpo, sino que también fortalece el espíritu, permitiendo una conexión más profunda con Dios. Establecer un ritmo regular de ayuno, como una vez a la semana, puede ser una forma efectiva de renovar tu enfoque espiritual y recibir revelación divina. El ayuno también nos enseña la dependencia de Dios, recordándonos que no solo de pan vivirá el hombre, sino de toda palabra que sale de la boca de Dios.

La comunidad es también crucial para el crecimiento espiritual. Participar en una iglesia local, asistir a servicios religiosos y formar parte de grupos de estudio bíblico u oración te brinda apoyo, ánimo y responsabilidad mutua. La Biblia enseña que no debemos abandonar la reunión con otros creyentes, ya que la comunidad fortalece nuestra fe y nos ayuda a crecer espiritualmente. El compañerismo cristiano nos proporciona un entorno donde podemos compartir nuestras cargas y alegrías, y recibir consejo y oración.

Además, es vital reconocer que nuestra relación con Dios no es estática, sino dinámica y en constante crecimiento. Establecer metas espirituales claras nos ayuda a avanzar y profundizar en nuestra fe. Estas metas pueden incluir aumentar el tiempo de oración, leer la Biblia completa en un año, participar en misiones o servir en la iglesia. Al igual que las metas seculares, las metas espirituales nos proporcionan un sentido de dirección y propósito.

Finalmente, la obediencia a la Palabra de Dios es fundamental. Aplicar los principios bíblicos en todas las áreas de tu vida demuestra tu compromiso con Dios y abre las puertas a Su bendición y prosperidad. La verdadera prosperidad espiritual se alcanza cuando vivimos de acuerdo con la voluntad de Dios y buscamos honrarlo en todo lo que hacemos. Esta obediencia no solo nos trae paz y gozo, sino que también impacta positivamente todas las áreas de nuestra vida, creando un efecto dominó de bendiciones y crecimiento.

En conclusión, la prosperidad espiritual es la piedra angular de una vida plena y próspera. Al dedicar tiempo y esfuerzo para crecer en nuestra relación con Dios, no solo experimentamos una transformación interna, sino que también vemos manifestaciones externas de Su favor y bendición en nuestras vidas. Te animo a invertir en tu vida espiritual, a profundizar en tu fe y a confiar en que Dios te llevará a nuevas alturas de prosperidad y plenitud.

Capítulo 5:

Prosperidad Emocional: Cultivando Gozo y Bienestar Mental

El bienestar emocional es un componente crucial de la prosperidad holística. Nuestra salud mental afecta cada aspecto de nuestra vida, desde nuestras relaciones personales hasta nuestra capacidad de ser productivos.

Mantener una actitud de gratitud es una de las claves para cultivar el gozo. Agradecer a Dios por las bendiciones diarias, grandes y pequeñas, transforma nuestra perspectiva y nos ayuda a enfocarnos en lo positivo. Llevar un diario de gratitud puede ser una práctica útil para recordar y reflexionar sobre las cosas por las que estás agradecido.

El manejo del estrés es también esencial. Vivimos en un mundo acelerado y lleno de demandas, por lo que es importante encontrar técnicas efectivas para manejar el estrés. La oración y la meditación en la Palabra de Dios pueden traer paz y claridad. Además, actividades como el ejercicio, la respiración profunda y los pasatiempos relajantes pueden ayudar a reducir el estrés y mejorar el bienestar emocional.

Las relaciones saludables son otro factor importante. Rodearte de personas que te apoyen y te animen en tu caminar con Dios es vital para tu bienestar emocional. Las relaciones tóxicas pueden drenar tu energía y afectar negativamente tu salud mental. Es importante establecer límites saludables y buscar conexiones que te edifiquen y te ayuden a crecer.

La autoaceptación y el amor propio también juegan un papel crucial. Hay que reconocer que eres valioso y amado por Dios, tal como eres, te da una base sólida para construir tu autoestima y confianza. Trabajar en la autoaceptación y practicar el autocuidado son pasos importantes para mantener una salud emocional equilibrada.

En resumen, la prosperidad emocional se alcanza a través de la gratitud, el manejo del estrés, relaciones saludables y la autoaceptación. Al cuidar de tu bienestar emocional, no solo mejorarás tu calidad de vida, sino que también estarás mejor equipado para cumplir el propósito que Dios tiene para ti.

Capítulo 6

Dominio Propio: Mostrando el Carácter de Dios como un Camino hacia la Prosperidad

El dominio propio es un componente vital de la prosperidad holística. Nos permite mostrar el carácter de Dios en nuestras vidas y asegura que no dejemos que nuestras emociones tomen control.

El dominio propio se cultiva a través de la disciplina y el autocontrol. Esto implica hacer elecciones conscientes que alineen nuestras acciones con los principios bíblicos, incluso cuando es difícil. Practicar el dominio propio en áreas como la alimentación, el gasto de dinero y la gestión del tiempo es fundamental para vivir una vida equilibrada y próspera.

Las pruebas y desafíos que enfrentamos a menudo son oportunidades para fortalecer nuestro dominio propio. En mi vida personal, Dios me ha probado en estas áreas a través de relaciones cercanas. Estas pruebas me han ayudado a crecer y a formar un carácter más fuerte y alineado con la voluntad de Dios. Aprendí que la obediencia y el respeto hacia Dios en cada aspecto de nuestras vidas son esenciales para experimentar Su bendición y prosperidad.

El dominio propio también se refleja en cómo manejamos nuestras emociones. No permitir que la ira, el miedo o la tristeza controlen nuestras decisiones es una muestra de madurez espiritual. La oración y la meditación en la Palabra de Dios pueden ayudarnos a encontrar paz y claridad, permitiéndonos responder a las situaciones con sabiduría y gracia.

La obediencia a Dios y el uso de los dones espirituales que Él nos ha dado son cruciales. Utilizar estos dones para servir a otros y glorificar a Dios es una parte importante de nuestra responsabilidad como creyentes. Al desarrollar y usar nuestros dones de manera efectiva, mostramos el carácter de Dios y contribuimos al bienestar de nuestra comunidad.

En resumen, el dominio propio es esencial para prosperar en todas las áreas de la vida. Al cultivar la disciplina, manejar nuestras emociones y obedecer a Dios, podemos vivir de acuerdo con Su plan perfecto y experimentar la verdadera prosperidad.

Capítulo 7

Vivir Holísticamente: Integrando la Prosperidad en Todas las Áreas

La prosperidad holística implica integrar el bienestar financiero, físico, espiritual y emocional en una vida equilibrada. Este capítulo discute maneras prácticas de lograr y mantener la prosperidad holística.

Una de las claves para vivir holísticamente es mantener un equilibrio entre las diferentes áreas de la vida. Esto incluye establecer prioridades claras y dedicar tiempo a cada aspecto de tu bienestar. Crear un horario que incluya tiempo para la oración, el ejercicio, el trabajo y las relaciones personales puede ayudarte a mantener el equilibrio y evitar el agotamiento.

La organización es también crucial. Mantener un registro de tus finanzas, planificar tus comidas y organizar tu espacio de trabajo son prácticas que contribuyen a una vida más equilibrada y productiva. La organización te permite tener una visión clara de tus metas y progresos, y facilita la toma de decisiones informadas.

El autocuidado es otra parte importante de la prosperidad holística. Tomarte tiempo para descansar y recargar energías es esencial para mantener tu bienestar general. Esto puede incluir actividades como leer, meditar, pasar tiempo en la naturaleza o simplemente disfrutar de momentos de tranquilidad.

El apoyo de la comunidad también es fundamental. Rodearte de personas que comparten tus valores y te apoyan en tu caminar con Dios puede ser una fuente de ánimo y motivación. Participar en grupos de estudio bíblico, asistir a servicios religiosos y formar parte de una comunidad de fe te proporciona un sentido de pertenencia y apoyo mutuo.

Finalmente, vivir holísticamente significa estar abierto al crecimiento y al cambio. A medida que aprendes y creces, es importante estar dispuesto a hacer ajustes y adaptaciones para alinearte más estrechamente con el plan de Dios. La prosperidad holística es un viaje continuo, y cada paso que das te acerca más a una vida plena y equilibrada.

Capítulo 8

Un Llamado a la Acción: Pasos Prácticos para Implementar el Cambio

Este capítulo proporciona herramientas prácticas y pasos accionables para ayudarte a implementar los principios de la prosperidad holística en tu vida. Al seguir estas directrices, puedes comenzar a experimentar la verdadera prosperidad.

Primero, establece metas claras y alcanzables. Define lo que significa la prosperidad para ti en cada área de tu vida: financiera, física, espiritual y emocional. Establecer metas específicas te da una dirección clara y te ayuda a mantenerte enfocado y motivado.

Segundo, crea un plan de acción. Divide tus metas en pasos más pequeños y manejables. Por ejemplo, si tu meta es mejorar tu salud física, comienza por hacer cambios graduales en tu dieta y añadir actividades físicas a tu rutina diaria. Un plan de acción claro te proporciona un camino a seguir y facilita el seguimiento de tu progreso.

Tercero, busca apoyo y responsabilidad. Comparte tus metas y planes con amigos de confianza, familiares o un grupo de apoyo. Tener a alguien que te anime y te responsabilice puede ser una gran motivación y te ayuda a mantenerte en el camino correcto.

Cuarto, revisa y ajusta tu progreso regularmente. Tómate el tiempo para evaluar tus avances y hacer ajustes cuando sea necesario. La vida es dinámica, y estar dispuesto a adaptarte y hacer cambios es crucial para mantenerte en el camino hacia la prosperidad.

Quinto, practica la gratitud y la paciencia. Reconoce y agradece los pequeños logros en tu camino hacia la prosperidad. La transformación no ocurre de la noche a la mañana, pero con paciencia y perseverancia, verás resultados significativos.

Nada de esto empezó a mejorar hasta que yo verdaderamente tomé un paso hacia mi mejoría. Tuve que no solo desearlo, sino que caminar en ello. La importancia de accionar no puede ser subestimada. Desear un cambio es solo el primer paso; actuar sobre ese deseo es lo que realmente transforma nuestras vidas. Cada pequeña acción que tomes en dirección a tus metas te acercará más a la prosperidad holística.

Finalmente, confía en Dios y busca Su guía en todo lo que haces. La oración y el estudio de la Palabra de Dios te proporcionarán la sabiduría y la fuerza necesarias para enfrentar cualquier desafío. Alinear tus acciones con los principios divinos te asegura que estás en el camino correcto hacia la verdadera prosperidad.

Recuerda que la prosperidad es un viaje continuo de crecimiento y desarrollo. No te desanimes si encuentras obstáculos en el camino; cada desafío es una oportunidad para aprender y crecer. La clave es mantenerse enfocado, actuar con determinación y confiar en que Dios está contigo en cada paso del camino.

Capítulo 9

Un Llamado a la Acción: Pasos Prácticos para Implementar el Cambio

En este capítulo, proporcionamos herramientas adicionales y cuadros para ayudarte a implementar los principios de la prosperidad holística en tu vida diaria. Estos recursos están diseñados para ayudarte a mantenerte organizado, mantener el equilibrio y rastrear tu progreso.

Al utilizar estas herramientas, puedes ser mucho más intencional en tus esfuerzos y convertir tus intentos en verdaderas transformaciones. Recuerda que el camino hacia la prosperidad holística es un viaje continuo de crecimiento y desarrollo. Con consistencia y dedicación, puedes ver cambios significativos en todas las áreas de tu vida. La clave es actuar con determinación y compromiso, sabiendo que cada pequeño paso te acerca más a tus metas.

Horarios de Lectura Bíblica

Momento del Día	Horario
Mañana	6:00 - 6:30 AM
Tarde	12:00 - 12:30 PM
Noche	8:00 - 8:30 PM

Horario de Oración

Momento del Día	Horario
Mañana	6:30 - 7:00 AM
Tarde	12:30 - 1:00 PM
Noche	8:30 - 9:00 PM

Ejemplo de Presupuesto

Categoría	Cantidad Mensual
Ingresos Mensuales	$3000
Gastos Fijos	$1000
Gastos Variables	$800
Ahorros	$500
Deuda	$200
Donaciones/Caridad	$200
Entretenimiento	$300

Plan de Ejercicio Semanal

Día	Actividad	Duración
Lunes	Caminata	15-45 min
Martes	Meditación	15-45 min
Miércoles	Entrenamiento de fuerza	15-45 min
Jueves	Caminata	15-45 min
Viernes	Natación	15-45 min
Sábado	Bicicleta	15-45 min
Domingo	Opcional	Opcional

Estos recursos son solo ejemplos y pueden ser adaptados a tus necesidades y circunstancias personales. La clave es encontrar un equilibrio que funcione para ti y te ayude a prosperar en todas las áreas de tu vida.

Recuerda, el objetivo no es simplemente seguir un conjunto de reglas, sino transformar tu vida de una manera que refleje la prosperidad holística que Dios desea para ti. Comienza con pequeños pasos y ve aumentando gradualmente. La consistencia es esencial para desarrollar nuevos hábitos que se conviertan en parte de tu estilo de vida.

Motivación para la Acción:

1. Comprométete con el Proceso: Entiende que la transformación lleva tiempo. Comprométete a seguir adelante, incluso cuando las cosas se pongan difíciles. Cada día es una nueva oportunidad para mejorar y crecer.

2. Visualiza tus Metas: Mantén una visión clara de lo que quieres lograr. Visualiza tu vida próspera y usa esa imagen como motivación diaria. Recuerda que cada pequeño esfuerzo cuenta.

3. Sé Paciente y Persistente: La paciencia y la persistencia son fundamentales. No te desanimes por los contratiempos. Aprende de ellos y sigue adelante. La consistencia te llevará al éxito.

4. Celebra tus Logros: Reconoce y celebra tus logros, por pequeños que sean. Cada paso que das hacia una vida más próspera es un motivo de celebración. Esto te mantendrá motivado y te dará la energía para continuar.

5. Busca Apoyo: No tienes que hacerlo solo. Busca apoyo en tu comunidad, amigos, o familiares. Compartir tus metas y progresos con otros puede proporcionarte ánimo y responsabilidad mutua.

Al adoptar estas herramientas y consejos, estarás mejor preparado para vivir una vida de prosperidad holística. No se trata solo de intentarlo, sino de hacer un esfuerzo consciente y decidido para transformar tu vida. Confía en que Dios está contigo en este viaje y que Su plan para ti es uno de bienestar y esperanza.

Capítulo 10:

Conclusión: Motivando el Favor de Dios en tu Vida

En conclusión, la prosperidad holística no es solo un ideal elevado, sino una meta práctica y alcanzable cuando se alinea con los principios de Dios. A medida que implementes los pasos descritos en este libro, comenzarás a ver una transformación en tus finanzas, salud, vida espiritual y bienestar emocional.

Aún sigo luchando. La providencia y la bondad de Dios en mi vida, así como guardar mi salvación, es un ejercicio diario. Así mismo es la prosperidad y abrazar el plan de Dios. No es un sistema que lo sigo al pie de la letra y todo mágicamente se ajusta. Si no creemos o no lo volvemos parte de nuestra vida normal, jamás podremos alcanzar la prosperidad total que esperamos de Dios.

La verdadera prosperidad no se trata solo de acumular riquezas materiales, sino de vivir una vida equilibrada y plena, honrando a Dios en todas las áreas. La disciplina financiera, la salud física, la conexión espiritual y el bienestar emocional son componentes esenciales para experimentar la plenitud de la vida que Dios desea para ti.

El camino hacia la prosperidad es un viaje continuo de crecimiento y desarrollo. Cada pequeño paso que tomes en la dirección correcta te acercará más a la prosperidad completa que Dios desea para ti. La consistencia y la perseverancia son claves para ver los resultados a largo plazo. No te desanimes si encuentras obstáculos en el camino; cada desafío es una oportunidad para crecer y fortalecerte.

Quizás para ti no tengas que hacer tantos ajustes y Dios en su soberanía te prospere rápidamente. Sin embargo, es importante recordar que Dios trabaja de maneras diferentes en cada uno de nosotros. Lo que comparto aquí son solo mis experiencias y aprendizajes. Mi objetivo es proporcionarte otra perspectiva y herramientas que puedas utilizar para seguir buscando la manera de alcanzar la prosperidad en tu vida. Espero que mi viaje personal hacia la prosperidad holística te haya proporcionado inspiración y estrategias prácticas que puedas aplicar en tu propia vida.

La providencia y la bondad de Dios son constantes, pero nuestra parte es mantenernos fieles y diligentes en nuestra búsqueda de Su plan para nuestras vidas. La prosperidad es más que un estado financiero; es un estado de ser que abarca paz, alegría y cumplimiento del propósito divino. Dios desea que prosperes en todas las áreas de tu vida, y esto incluye tu salud, tus relaciones, y tu bienestar emocional y espiritual.

Al compartir mi viaje, quiero recordarte que cada uno de nosotros tiene un camino único que recorrer. Algunas personas pueden encontrar que sus cambios son rápidos y notables, mientras que otras pueden experimentar un crecimiento gradual y constante. Lo importante es mantenerse firme y fiel, sabiendo que cada paso que tomas en la dirección correcta es significativo.

Te animo a tomar acción y aplicar estos principios en tu vida diaria. Establece metas claras, crea un plan de acción, busca apoyo, revisa tu progreso y, sobre todo, confía en

Dios en cada paso del camino. Con Su guía y tu compromiso, puedes alcanzar la verdadera prosperidad y vivir una vida abundante y bendecida.

Recuerda siempre que Dios es fiel y siempre cuidará de sus hijos. Con su guía y tu determinación, puedes experimentar la prosperidad en todas las áreas de tu vida. Mantén la fe, sigue adelante y verás cómo Dios obra de manera maravillosa en tu vida.

Además, es esencial que comprendas que la prosperidad no se logra solo a través de nuestros esfuerzos. Es un regalo de Dios que se manifiesta cuando vivimos en obediencia a Sus principios y buscamos Su voluntad en todas las áreas de nuestra vida. La gratitud y la humildad son fundamentales en este proceso. Agradece a Dios por cada bendición y cada lección aprendida, y mantén una actitud humilde y abierta para recibir más de Su gracia y provisión.

En resumen, la prosperidad holística es un camino de fe, dedicación y acción consciente. No es algo que se logra de la noche a la mañana, sino un viaje continuo de crecimiento y transformación. Al aplicar los principios que hemos discutido y mantener una relación cercana con Dios, puedes experimentar una vida llena de paz, alegría y prosperidad en todas sus formas.

Te exhorto a que sigas adelante con fe y determinación. No te rindas ante los desafíos, sino tómalo como oportunidades para fortalecer tu fe y crecer en todas las áreas de tu vida. Dios tiene un plan maravilloso para ti, y al abrazar Su plan con todo tu corazón, podrás vivir la vida plena y abundante que Él ha prometido.

Rev. Dr. Marla Yanice Sabater

FIN

www.ingramcontent.com/pod-product-compliance
Lightning Source LLC
Chambersburg PA
CBHW030520220526
45464CB00006B/2882